Phantasievoller Festschmuck
von der Taufe bis zur Hochzeit

Maritta von Perbandt

Phantasievoller Festschmuck

von der Taufe bis zur Hochzeit

ENGLISCH VERLAG

CIP-Titelaufnahme der Deutschen Bibliothek

von Perbandt, Maritta:
Phantasievoller Festschmuck von der Taufe bis zur Hochzeit/
Maritta von Perbandt. – Wiesbaden: Englisch, 1990

ISBN 3-8241-0412-1

Umschlag- und Innengestaltung A. Ruers.
Fotos Titel und Innenteil R. Berg.

Printed in Germany.

Inhaltsverzeichnis

Vorwort

Von der Taufe bis zur goldenen Hochzeit – ein langer Zeitraum, den wir vielleicht gesund im Kreise unserer Familie erleben dürfen. Die Tradition, die Bräuche in der Familie und in der Kirche haben uns viele Feste mitgegeben. Wir können es durchaus als eine Aufgabe ansehen, die Überlieferung weiterzuführen, auch wenn die Feste in jeder Familie anders gefeiert werden.

Für das Familienfest ist es nicht nur wichtig, daß der Ablauf reibungslos gelingt, der Zeitplan stimmt und der Speiseplan mit etwas Besonderem aufwartet, es ist auch der äußere Rahmen, der zu einer guten Stimmung beiträgt und das Fest harmonisch gestaltet. Sind es nicht die Erinnerungen, von denen wir noch Jahre nach dem Ereignis zehren? Auch in unserer Konsumgesellschaft bedeutet es noch etwas, sich Zeit zu nehmen für andere Menschen, und wie schön ist es doch, wenn man seinen Familienmitgliedern etwas für die Erinnerung mitgeben kann, nicht nur Materielles, sondern auch und vor allem Ideelles! Denn das, was der Mensch nicht am eigenen Leib erfahren hat, kann er nicht weitergeben.

Ich habe eine große Familie und bereite alle unsere Feste vor. Es macht mir dabei sehr viel Freude, dem Familienfest auch den festlichen Rahmen zu bieten. So kam ich auf den Gedanken, meine Erfahrungen, die ich beim Ausrichten von Familienfesten gesammelt habe, weiterzugeben. Mit diesem Buch möchte ich nicht nur eine Bastelanleitung vermitteln, sondern Sie auch durch die Feste Ihrer Familie begleiten. Alle vorgestellten Modelle sind nur als Möglichkeit gedacht und lassen Ihnen jede Freiheit, Ihre Farbe und Ihr Modell zu finden; das Buch wird Ihnen Anregung und roter Faden zugleich sein.
Nun wünsche ich Ihnen viel Spaß beim Anschauen und Nacharbeiten, und vor allem: beim Selbstkombinieren und Selbsterfinden.

Maritta von Perbandt

Einleitung

In diesem Buch sind Vorschläge und Anregungen zur Festgestaltung, für Raum- und Tischschmuck für Sie zusammengestellt. Die einzelnen Feste sind mit den traditionellen und mit ganz anderen Farben ausgerichtet, damit die Wirkung von Farbe und Form ersichtlich wird. So können Sie Ihre ganz persönlichen Vorstellungen besser erkunden, denn es ist Ihnen ja selbst überlassen, Modelle und Farben zu kombinieren.

Von der Einladung angefangen, über die Tischkarten und Tischdekorationen bis hin zum Geschenkanhänger finden Sie ein reiches Angebot. In allen Bastelläden und Fachabteilungen von Kaufhäusern erhalten Sie ähnliche Artikel wie die vorgestellten, die in Form und Farbe ebenso zusammenpassen. Achten Sie beim Einkauf vor allem auf die Harmonie von Farbe und Form und auf die Art der Blüten und Blätter. Das Angebot von sehr echt aussehenden Seidenblüten und Blättern, ausgefallenen Bändern und Schleifen aus unterschiedlichem Material geben alle Möglichkeiten, unsere Bastelarbeiten ausgewogen zusammenzustellen.
Nehmen Sie sich Zeit für die Vorbereitung, damit Sie die Modelle und Materialien in den richtigen Farben finden. Der Bastelmarkt ist voll von hübschen und hochwertigen Materialien. Und das Werkzeug nicht vergessen! Am wichtigsten sind für mich ein Seidenschneider, eine kleine Kneifzange, eine gute Schere, feiner Bindedraht, Wickeldraht, Farben wie Braun, Grün, Gold oder Silber und die Heißklebepistole. Sie erspart uns größere Wartezeiten beim Trocknen des Klebers. Sie können alles in Ihrer Umgebung finden und kaufen.

Taufe

Mit der Taufe wird ein Kind in die Christengemeinde aufgenommen. Durch das christliche Sakrament wird die Macht des Teufels vermindert oder gebrochen. Die Haustaufe kommt wieder in Mode. Eine Taufe in der Osternacht kann ein besonderes Erlebnis für die ganze Familie sein. Der Pate oder die Patin soll die christliche Erziehung des Patenkindes unterstützen und überwachen.

Karten

Die Materialmenge ergibt sich aus der Kartengröße. *Grußkarten* als *Geburtsanzeige*, als *Einladung* zur Tauffeier oder als *Dankeschön* für ein Geschenk.

Beispiel:
- Mit Foto des Neugeborenen
- Mit Foto der vorhandenen Geschwister und einem Text:
  Ich/Wir haben ein Schwesterchen/Brüderchen bekommen.

Einfache Tischkarte

Eine weiße Briefkarte auf die Hälfte bücken. Einen fertig verzierten Wiegenteil auf die Karte kleben, mit einer kleinen Schleife verzieren, beschriften.

Tischkarte „Wiege“

Material
- farbiger Fotokarton,
- 1 leere Streichholzschachtelschublade,
- ca. 15 cm lange und 4 cm breite Spitze,
- etwas weißes Vlies,
- 40 cm lange und 1 cm breite Schlingenborte,
- ca. 15 cm lange und 1 cm breite Schleife,
- 2 kleine Samtblüten,
- 2 kleine grüne Blätter,
- 1 Holzperle von 1 cm Durchmesser,
- Filzstifte,
- Klebepistole,
- Schere,
- Bleistifte

Arbeitsschritte
Die Schablone abnehmen, auf rosa oder hellblauen Fotokarton übertragen, bzw. weißer Fotokarton mit farbigem Tonpapier bekleben. Sauber ausschneiden. Den Rand mit halbierter Schlingenborte bekleben. Das „Fußende“ mit 1 bis 2 Samtblüten, kleinen grünen Blättern und einer kleinen Schleife verzieren. Nun eventuell den Namen darauf schreiben. Eine Streichholzschachtelschublade als Bettkasten zwischen die 2 Teile kleben. Etwas Vlies als Matratze einkleben. Die Spitze für „Kopfkissen“ und „Zudecke“ mit etwas Vlies unterlegen und in das Bettchen kleben. Die Schlingenborte als „Mütze“ auf die Holzperle und dann auf das „Kopfkissen“ kleben.

Seidenblütengesteck

Wenn Sie keine frischen Blumen verwenden möchten, können Sie aus dem reichhaltigen Angebot hochwertiger Seidenblumen und -blätter ein bleibendes Blütenarrangement zusammenstellen. Mit echt wirkenden Efeuranken und reichlich Schleifen und Bändern stellen Sie ein Gesteck zusammen.

Auf einen flachen Teller oder in eine flache Schüssel geben Sie nach und nach Heißkleber und arrangieren ein Gesteck, das von allen Seiten gleich anzuschauen ist. Der Mittelpunkt liegt etwas höher. Achten Sie auf die Gesamthöhe, damit Ihr Tischgegenüber nicht durch die Blume sprechen muß. Farblich abgestimmt auf die Gesamttafel, erreichen Sie eine Tischdekoration mit Ihrer persönlichen Note.

Blütenkranz für eine Stumpenkerze

Material

Die *Materialmenge* richtet sich nach der Größe des Kranzes. Sie brauchen, diesem Muster entsprechend

- ca. 30 kleinste Ilexperlen,
- 2 kleine weiße Seidenblätter,
- 12–14 kleine weiße Samtblüten,
- ca. 10 Stück 1,5–2,0 cm große weiße Blüten,
- 10–12 kleine blaue Seidenblüten,
- 1 weiße Rose,
- ca. 60 cm langes und 1 cm breites und 50 cm ganz schmales blaues Schleifenband. Eventuell Perlginster,
- einige Erikazweiglein,
- Klebepistole,
- Bindedraht.

Arbeitsschritte

Sie teilen die Zutaten in 2 gleiche Hälften, bereiten Ihre Schleifen vor und schneiden den Bindedraht ganz kurz. Beginnend mit den Blättern, den Ilexperlen oder dem Perlginster, binden Sie eine Ranke, die von Zutat zu Zutat breiter wird. Den Bindedraht fest anziehen. Beide Ranken am Ende aufeinander kleben. Die Klebestelle mit Schleifen und der Rose abdecken.

Tischkarte „Wäschekörbchen“

Material
- 1 kleiner unbehandelter Weidenkorb,
- anderthalbmal soviel 2 cm breite, weiße Borte oder Spitze wie Korbumfang und etwas für die Zudecke,
- 1 Holzperle von 1,5 cm Ø,
- etwas Schlingenborte,
- Vlies zum Füllen,
- 1 Zahnstocher,
- 1 Kärtchen für den Namen,
- Borte oder Band für den Korbrand.

Arbeitsschritte
Einen kleinen Korb. Falls mit Henkel, diesen entfernen und farbig ansprühen. Den Korbrand mit leicht angekräuselter Spitze bekleben. Klebestelle mit Borte oder Band abdecken. „Kopfkissen“ und „Zudecke“ in der Größe passend dazu nähen und mit Watte oder Vlies leicht füllen, zukleben. Die Holzperle mit ganzer Schlingenborte als Mütze bekleben, Gesicht andeuten. In den Korb etwas Vlies als Matratze kleben sowie Kopfkissen und Zudecken. Zuletzt den Kopf aufkleben. Die Korbecken mit kleinen Blüten oder auch Schleifen verzieren. Namensschildchen schreiben und einkleben.

Ecksträuße für die Kaffeetafel

Material für einen Strauß
- 1 Lotusblatt ca. 15 × 15 cm,
- 2 hellblaue und ein dunkelblaues Zweiglein Perlginster,
- kleine Seidenblüten mit mehreren Blüten,
- 1–3 kleine Erikazweiglein,
- 2 blaue und 2 weiße kleine Perlen,
- 3 kleine dunkelblaue Samtblüten,
- ca. 60 cm langes und 2 cm breites hellblaues Samtband,
- 30 cm langes und 1 cm breites Taftband,
- ca. 35 cm langes und 2 cm breites hellblaues Taftband,
- 2 ca. 40 cm lange und 1 cm breite Satinbänder,
- etwas weißes Kreppband,
- Bindedraht.

Arbeitsschritte
Aus dem breiten blauen Band eine Schleife binden, ebenso aus ca. 30 cm schmalem Samtband. Restliche Bänder zu Streifen legen und abbinden. Draht hängen lassen. Aus allen Materialien ein Gebinde wickeln, indem Stiel für Stiel auf das Blatt gebunden wird. Zuletzt die Schleife anbinden. Alle Stiele auf ca. 10 cm zurückschneiden und mit dem Kreppband fest umwickeln.

Serviettenring

Material

- 3 kleine weiße bis zu 2,5 cm große irisierende Blätter,
- 5 kleine Blüten,
- 1 kleine Rose mit Blättern,
- 1 Zweig Perlginster,
- ca. 45 cm ganz schmales Band für eine Doppelschleife,
- 1–2 kleine weiße Samtblüten,
- 1 klarer Kunststoffring von ca. 5 cm Ø,
- goldener dünner Wickeldraht,
- Klebepistole.

Arbeitsschritte

Alle Blüten und Blätterstiele auf 1–3 cm Länge zurückschneiden. Eine blaue Doppelschleife von ca. 8–10 cm Größe binden. Einen Tupfer Heißkleber auf den Ring geben, die Blätter anordnen. Alle weiteren Zutaten zum Gebinde arrangieren und festkleben. Später können ein, zwei oder auch mehr dieser Serviettenringe als Wandschmuck aufgehängt werden.

Taufkleid-Gesteck

Material

- 1 Anstecknadel,
- 2,5 m breites gefaßtes Voileband
- 7–10 rosa, 5–7 weiße Seidenblüten,
- 1–2 Stiele Perlginster,
- 3–5 grüne kleine Velourblätter,
- 1,5 m langes und 2 cm breites rosa Taftband,
- 2 weiße Blütenperlstränge,
- Klebepistole.

Arbeitsschritte

Aus dem Voileband legen Sie eine doppelte Schleife. Die Bänder selbst sollten gut 40 bis 50 cm lang sein. Aus den Blüten und Blättern binden Sie ein flaches Sträußchen und verdrehen alle Stiele. Aus dem Taftband binden Sie eine einfache Schleife. Das übrige Band lassen Sie hängen. Mit der Klebepistole kleben Sie alle Teile zusammen, d. h. auf die Voileschleife das Sträußchen, auf die Stiele die Taftschleife und die Blütenperlstränge. Auf die Rückseite nähen Sie die Anstecknadel.

Tauflöffel

Material

- 1 Kaffee- oder Suppenlöffel,
- ca. 5 kleine blaue oder rosa Samtblüten,
- 5–7 kleine weiße Seidenblüten,
- etwas goldener Bouillondraht,
- sehr kleine rosa oder blaue Wachsperlen für kleine „Blüten“,
- 1–2 kleine grüne Veloursblätter,
- Klebepistole.

Arbeitsschritte

Blüten- und Blätterstiele auf ca. 1 bis 1,5 cm kürzen. Kleine Wachsperlen zu Perlzweigen wickeln und kleine Blüten drehen, aus goldenem Bouillondraht und kleinen Wachsperlen.

Mit der Klebepistole einen Tupfer auf den Löffel geben und alle Zutaten zu einem Gebinde arrangieren.

Verzierte Spandose

Material
- 1 Spandose rund oder oval,
- Farbe,
- passender Stoff zum Auslegen der Dose,
- Schlingenborte,
- schmale Bänder,
- Klebepistole.

Die Materialmenge ergibt sich aus der Größe der Dosen.

Arbeitsschritte
Nehmen Sie an der Spandose Maß für Borten und Bänder. Ein Beispiel: Sie können die Dosen innen und außen weiß oder farbig ausmalen oder mit Stoff auslegen. Dann alle Kanten und Stoßstellen mit Schlingenborte abdecken, d. h. überkleben. Den äußeren Dosenrand und Deckel können Sie mit Borten und Bändern bekleben. Ähnlich verzieren Sie größere Spandosen. Hier ist der Deckel mit farbigem Filz beklebt und ein „Bettchen" mit „Kind" als Blickfang aufgeklebt. Falls Sie keine zu der Größe Ihrer Dose passende Holzperle bekommen, können Sie so ein Gesichtchen auf einen mit weißem Stoff bezogenen Knopf malen. Inzwischen gibt es so kleine Püppchen zu kaufen.
Hier ist der Dosendeckelrand mit breiter weißer Stickereispitze verziert.

Taufgeschenkanhänger

Material
- 3 m langes und 1 cm breites Schleifenband,
- 3 m langes und 0,5 cm breites Band,
- Schlingenborte,
- 2–3 kleine Blüten,
- Federn,
- 1 teilbares Kunststoffherz,
- Klebepistole.

Arbeitsschritte
Das Kunststoffherz locker farblich dem Anlaß entsprechend mit feinen Federn füllen. Stecken Sie das Herz zusammen und kleben Sie auf die Nahtstelle farbig abgestimmte Schlingenborte. Die Vorderseite des Herzchens bekleben Sie mit Pailletten, Band vom Meter, 2–3 Blüten und Blättern. Aus der Schleife legen Sie reichlich Schlaufen und kleben sie mit dem Aufhänger oben an das Herz.

Taufgeschenkgebinde

Material und Werkzeug

Einen runden oder ovalen flachen Deckel mit ca. 5–7 cm Ø. Für den Umfang entsprechend breites rosa, hellblaues oder weißes Band.

- 1,5 m gefaßtes Voileband,
- rosa, hellblauen oder weißen gekauften Babywagen,
- 2–4 weiße Blütenzweige,
- einige kleine Seidenblüten oder Rosen,
- 2–4 Strang Perlginster,
- 1 kleinen weißen stoffüberzogenen Knopf für das Gesicht,
- ca. 10 cm lange und 4 cm breite Spitzenborte für das Wageninnere,
- etwas Steckmoos.

Arbeitsschritte

Den Deckelrand bekleben Sie außen mit Borte, füllen das Innere mit Steckmoos. Den kleinen Wagen statten Sie mit der Spitzenborte als Decke und Kissen aus und kleben es hinein. Den Knopf bemalen Sie als Kopf. Aus dem Voileband binden Sie eine großzügige und bis zu 15 cm breite Schleife, aus der schmalen Schleife ebenso. Zuerst kleben Sie den kleinen Wagen auf die Steckmasse. Nun arrangieren Sie alle Blüten und Stränge um den Wagen. Vorne kleben Sie die großzügige, auf die Rückseite die andere Voileschleife. Füllen Sie das Gesteck reichlich mit Perlginster und farblich abgestimmten Blüten auf.

Kommunion

Der Weiße Sonntag ist der erste Sonntag nach Ostern. Es ist auch heute noch üblich, mit den Kindern zur ersten heiligen Kommunion oder zur Konfirmation zu gehen. Die weiße Farbe der Kleider und der Accessoires versinnbildlicht die Unschuld und Reinheit Christi und der Kommunionempfänger.

Tischstrauß

Material

- 1 Steckstrauß,
- ca. 10 größere weiße Rosen,
- 1 Bund größere weiße Sternblüten,
- 1 Päckchen weiße irisierende Blätter, ca. 3 cm groß,
- 5 Bündel Perlginster,
- 3 × 50 cm weißes Tüllband, 3–5 cm breit,
- 5 × 15 cm langes und 1 cm breites Tüllband,
- 3–4 Büschel Buchszweige.

Arbeitsschritte

Die Buchsbüschel in einzelne Zweige zerlegen, die Hälfte davon zur Hälfte durchscheiden. Perlginster in einzelne Zweige zerlegen. Aus den 3 × 50 cm langen Bändern drei großzügige Schleifen binden und andrahten, die kleinen Tüllbänder zu Tuffs binden. Die Steckmooskugel wird in ihrer Halterung mit allen Zutaten reichlich besteckt. Achten Sie darauf, daß die Stiele unterschiedlich lang sind. Die Schleifen werden versetzt seitlich eingesteckt. Mit dem Buchs decken Sie die ganze Kugel ab. Wählen Sie zum Aufstellen eine weiße undurchsichtige Vase aus.

Uwe

Großer Buchskranz

Material

- 5 × 1/2 m Tülldurchzugsband oder normales weißes Tüllband von 3–5 cm Breite,
- ein großer Metallring von ca. 18 cm Ø,
- weißes Kreppband,
- 10–12 große weiße Rosen,
- 10–12 weiße irisierende Blätter,
- 20 Stück ca. 3 cm große Sternblüten,
- 5–7 Zweige Buchs,
- dünner Wickeldraht.

Arbeitsschritte

Den Metallring umwickeln Sie gut mit weißem Kreppband, damit Ihnen die Zweiglein beim Umbinden nicht ständig wegrutschen. Aus dem Tüllband legen Sie sich Schleifen mit ca. 5 bis 6 cm langen Bändern, die Sie je nach Breite 2- bis 3mal einschneiden. Die Buchszweige zerschneiden Sie je Stiel in 2 Stücke und achten dabei darauf, daß die Schnittstelle direkt über einem Blatt liegt. Sie erreichen dadurch optisch lauter Buchsstücke mit „Spitze". Im Wechsel binden Sie jedes Teil zweimal mit dem Bindedraht an den Metallring. Die Stiellänge der Zutaten unterschiedlich zwischen 3 und 5 cm Länge vorbereiten. Führen Sie den Draht von innen nach außen durch den Ring. So arbeitet es sich leichter. Wenn der Ring gut gefüllt ist, verdrillen Sie die Drahtenden und können nun Blüten und Blätter noch besser arrangieren. Die Blütenköpfe biegen Sie dort hin, wo noch Lücken sichtbar sind.

Reversanstecker

Mit 1–2 kleinen Zweiglein Buchs oder Myrte, ca. 50 cm schmalem Schleifenband und einigen kleinen Seidenblüten in Weiß haben Sie schnell ein kleines Sträußchen für den Buben zusammengebunden.

Haarkranz

Kleine Mädchen schmücken ihre Haare mit einem Blütenkranz. Da alle gekauften Blüten und Blätter über längere Stiele verfügen, können Sie diese mit verarbeiten. Nehmen Sie dünnes schmales Band und fassen immer 2 bis 3 Blüten und Blätter ca. 1 bis 2 cm unterhalb der Blüte zusammen und wickeln die Stiele mit dem Band, bis Sie die Kopfgröße erreicht haben, zusammen. Kranzanfang und -ende werden zusammengebunden und diese Stelle mit einer großzügigen Schleife sowie ein paar Blüten beklebt.

Haarspange

Die Auswahl Ihrer Zutaten bestimmt das Aussehen der Haarspange. Auf eine gekaufte, speziell für diesen Zweck gefertigte Spange kleben Sie 2 bis 4 Zweiglein Buchs und einige Seidenblüten. Herab fällt eine hübsche abgebundene Schleife mit längeren Bändern und 1 bis 2 weißen Blütenrispen.

Tischdekoration

Tischkugel

Die genaue Arbeitsanleitung und der etwaige Materialverbrauch für diese Tischdekoration ist im Kapitel „Verlobung“ angegeben. Diese Tischkugel können Sie zu jeder Tischdekoration, d. h. zu jedem Anlaß, verwenden. Achten Sie auf die farbliche Zusammenstellung und stecken Sie die Kugel nicht zu hoch, damit die Proportionen stimmen.

Serviettenstrauß

Dieses kleine Gebinde ist auf den Seiten 12 und 13 behandelt worden. Die Größe des Gebindes können Sie nach Belieben verändern, so ergibt sich dann auch die Materialmenge.

Kleiner Kerzenkranz

Wenn die übrige Tischdekoration schon sehr aufwendig ist, reicht ein kleiner Kranz für den Kerzenhalter. Die Anleitung finden Sie im Kapitel „Konfirmation“ auf Seite 29.

Tischkarte

Eine normale weiße Briefkarte wird auf die Hälfte gebückt. Durch das Aufkleben von schmalen Bändern und einem kleinen Sträußchen schmücken Sie diese Tischkarte besonders hübsch, wie es der Anlaß erfordert.

Tellerhalbkranz

Material

- 4–5 größere weiße Rosen,
- 5–7 mittlere Rosen,
- 25–30 kleine Sternblüten mit grünem Rand,
- grünes Kreppband,
- 1,20–1,50 m weißes eingefaßtes Voileband.

Arbeitsschritte

Sie beginnen mit einer mittelgroßen Rose. Um deren Stiel wickeln Sie einige kleine Sternblüten, Blätter, Rosen usw. Dadurch, daß Sie die Stiele immer etwas länger belassen, wird die Ranke etwas breiter. Bessere Haltbarkeit erreichen Sie, wenn Sie die Teile mit Bindedraht ein- bis zweimal fest um die Stiele wickeln. Am Ende schneiden Sie die Stiele auf ca. 4 cm zurück und umwickeln sie fest mit grünem Kreppband. Legen Sie sich eine doppelte Voileschleife, und binden Sie sie mit dünnem Draht fest ab. Ca. 50 bis 55 cm Voileschleife auf die Hälfte legen, abbinden. Kleben Sie beide auf den umwickelten Stiel und verdecken Sie die Klebestellen mit ca. 3 kleinen Blüten.

Spandose

Die Spandose in jeder Größe bietet uns die Möglichkeit der vielseitigen Ausgestaltung. Da es Bänder und Schleifen in vielen Breiten gibt, werden Sie keine Schwierigkeiten beim Einkauf haben. Wenn Sie die Schachtel innen nicht nur weiß oder gold streichen möchten, können Sie sie auch mit Stoff auslegen. Die Maße entsprechen immer der Größe Ihrer Dose. Den Deckel können Sie Ihrem Geschmack entsprechend verzieren, angefangen bei einem aufgeklebten Blütenkranz bis hin zur kleinen zweckentfremdenden Braut, dem Kommunionkind.

Geschenkanhänger

Heute ist es oft üblich, auch schon zur Kommunion Geldgeschenke zu überreichen.

Damit aber doch noch eine kleine persönliche Erinnerung an diesen Tag bleibt, ist ein hübscher Geschenkanhänger schnell gearbeitet, ob Sie nun zwei Kunststoffringe zusammenkleben und mit einem großzügigen Gebinde versehen oder ein Kunststoffherz füllen und dekorieren. Der Beschenkte hat etwas Bleibendes in der Hand; das Geld wird ausgegeben.

Einladungs- und Danksagungskarten

Den Karten für einen bestimmten Anlaß können Sie Ihre persönliche Note geben. Mit Bändern, Schleifen und einigen Blüten können Sie das „Deckblatt" so schmücken, daß ein Postversand dennoch möglich ist. Dem Anlaß entsprechend, legen Sie ein Textblatt ein. Bei einer Danksagungskarte verarbeiten Sie ein Bild des Kommunionkindes. So hat der Empfänger eine bleibende Erinnerung.

Konfirmation

Die Konfirmation ist nicht nur ein Familienfest im großen Rahmen, sondern vor allem ein bedeutender Tag im Leben für die betreffenden Kinder. Und dies sollten man nie vergessen: Es ist der Feiertag des Konfirmanden und es ist in der Regel sein erstes großes gesellschaftliches Ereignis, das ihm stets in schöner Erinnerung bleiben sollte.
Gerade deshalb muß die Festgestaltung, der Raum- und Tischschmuck sorgfältig ausgewählt und vorbereitet werden. Selbstverständlich können Sie die vorgeschlagenen Dekorationen schon allein dadurch in ihrer Wirkung verändern, daß Sie andere Farbzusammenstellungen wählen. Nutzen Sie diese Möglichkeit um den einzelnen Modellen eine ganz persönliche Note zu verleihen.

Manschettenstrauß mit Ranke

Material

- 8–10 farblich abgestimmte kleine Seidenrosen,
- 6–8 weiße oder blaue Seidenblüten,
- 3 m langes und ca. 1 cm breites Samtband,
- 2 m dazu passendes Satinband,
- 6–8 kleine Samtblüten,
- je Strauß eine Spitzenmanschette von 8–10 cm Ø,
- Kreppband,
- Wickel- und Bindedraht,
- ein kleines Zweiglein Buchs.

Arbeitsschritte

Sie beginnen mit der Ranke, da die Stiele der Blüten ungekürzt bleiben. Sie bilden den Halt der Ranke. Sie nehmen einen Buchszweig und binden mit Hilfe des Bindedrahtes im Wechsel Seiden- und Samtblüten zur Ranke. Zwischendurch binden Sie eine vorbereitete Schleife dazu. Ist Ihre Ranke in der gewünschten Länge, so fassen Sie alle übrigen Materialien zu einem Strauß zusammen, umwickeln alle Stiele zusammen mit Draht, stecken den Stiel durch die Manschette und kürzen ihn auf 6 bis 8 cm. Jetzt gut mit Kreppband umwickeln. Hier habe ich eine Likörschale und ein Sektglas als Gefäß genommen, etwas Kneti hineingedrückt und den Stiel angeklebt. Das Glas selbst habe ich mit Cellophanpapier gefüllt.

Geschenkanhänger

Material

- teilbare Kunststoffkugeln oder -herzen von 5–12 cm Ø,
- entsprechend schmale Samt- und Brokatbänder,
- farblich abgestimmte Seidenblüten,
- Perlschnüre und Veloursblätter.

Arbeitsschritte

Sie können die Kugeln oder Herzen mit Cellophan oder farbigen Federn füllen, zusammenstecken und die Naht mit Borte oder schmalem Band bekleben. Die Hälften stecken Sie genau übereinander, so können Sie durch die kleine Öse den Aufhänger binden. Oberhalb der Kugel drücken Sie eine kleine „Knetiwurst“ fest und können diese abdeckend mit Blüten, Blättern, Perlen und kleinen Blättern bestecken. Die Stiele kürzen Sie vorher unterschiedlich auf 1 bis 3 cm Länge. Eine üppige Schleife binden Sie zum Schluß mit Draht und stecken sie oben mit ein. Sie können alle Materialien auch mit der Klebepistole ankleben.

Tischkarten

Material

- eine kleine Stoff- oder Papiermanschette von ca. 5 cm,
- 10–12 verschiedene Seidenblüten,
- 1 cm schmales Band,
- feiner Bindedraht,
- Kreppband,
- ca. 50 cm Perlschnüre.

Arbeitsschritte

Hier ist eine Straußmanschette mit abknipsbarem Namensschild ausgewählt worden. Die Perlschnüre schneiden Sie in ca. 10 cm lange Stückchen, legen sie auf die Hälfte und drahten sie an. Eine großzügige Schleife mit ca. 5 cm langen Bändern mit Draht abbinden. Alle Blüten, Perlschnüre und Blätter zu einem kleinen Sträußchen binden. Zuletzt die Schleife dazugeben. Stiele fest umwickeln, auf ca. 8 cm zurückschneiden und durch die Manschette stecken. Mit Kreppband alle Stiele bis zur Manschettenunterseite fest umwickeln.

Handstrauß

Dieses kleine Sträußchen für das Gesangbuch oder das Anzugrevers wird wie die Serviettensträuße von Seite 22 gebunden. Etwas kleiner kann es auf der Rückseite mit einer Anstecknadel versehen werden und als Reversstrauß für Buben verwendet werden.

Kerzenhalterkranz

Zwei kleine Buchszweiglein werden zu einem Kranz verdreht und ca. 5–7 kleine, farblich abgestimmte Blüten angeklebt.

Verlobung

Die Verlobung bedeutet für zwei Menschen einen besonderen Schritt in ein neues Leben. Haben sie einmal beschlossen, das weitere Leben gemeinsam zu meistern, ist die Verlobung auch das erste gemeinsame Familienereignis, das sie feiern.

Serviettenschleife

Material pro Schleife
- ca. 50 cm Spezialband zur Bearbeitung mit dem Ripser,
- Bindedraht,
- 1–2 farblich abgestimmte Federn,
- 30 cm langes und ca. 1 cm breites Seidenband,
- 20 cm Goldperlschnüre,
- Klebepistole.

Arbeitsschritte
Das breite Spezialband ziehen Sie von jeder Seite ca. 5 cm durch den Splisser und binden dann eine Schleife ab. Das schmale Band binden Sie nur als Schleife ab. Mit der Klebepistole kleben Sie aufeinander auf: die große Schleife, die Federn, die Perlschnüre, dann die kleine Schleife. Das Ganze wird dann auf die Serviette gelegt.

Tischkugel

Material
- Tischkugel von ca. 10–15 cm Ø farblich abgestimmt,
- 10–15 Seidenblüten und -blätter,
- 3–5 einzelne Efeuranken,
- ca. 5 m Satin- oder Taftband bis zu 1 cm breit,
- Klebepistole,
- ca. 3 × 3 × 3 cm Moosisteckmasse trocken,
- 10 kleine Seidenrosen oder Erikazweiglein.

Arbeitsschritte
Alle Zutaten werden vorbereitet, das heißt, Blüten- und Blätterstiele werden auf 2 bis 3 cm zurückgeschnitten, kleine 4 bis 5 cm große Schleifen angedrahtet und 3 bis 5 größere Schleifen mit ca. 10–15 cm langen Bändern. Jetzt wird die Kugel, die am „Hals“ mit einer Steckschaummanschette versehen ist, die Sie auch selber ankleben können, reichlich besteckt. Alle Drahtenden mit Heißkleber versehen; so hält das Gesteck besser.

Platzgedeck „Bank für Zwei“

Material

- 1 kleine ca. 15 × 10 cm große weiße Kunststoffgartenband,
- 1 kleiner Zylinder,
- 1 kleine, ca. 20 × 5 cm große, dünne Birkenscheibe,
- 1 Handvoll Lavendelblüten,
- ca. 1 m ganz schmales Satinband,
- 3 helle und 3 dunkle kleine Samtblüten,
- je 1 Strang weißer und lila Ginster,
- ein Stückchen Buchs,
- Bindedraht,
- Klebepistole,
- 10 cm Tüll,
- eventuell 2 kleine Perlkerzen oder kleinste goldfarbene Ringe,
- tropffreier Klebestoff.

Arbeitsschritte

Eine Seite der Holzscheibe wird mit Klebstoff bestrichen und abdeckend mit Lavendel bestreut, trocknen lassen. Besondere Wünsche werden auf einen schmalen Streifen geschrieben und die Holzkante damit beklebt. Die kleine Bank wird auf den Lavendelteppich geklebt. Während alles trocknet, wird der Zylinder mit einem schmalen Band verziert, die Ginsterstränge zusammengeschnitten und aus allen weißen Blüten und Blättern drei verschieden große, ca. 4 bis 15 cm hohe kleine Gebinde zusammengebunden. Etwas Tüll wird mit eingearbeitet. Je ein Gebinde wird neben die Bank, rechts und links das kleinere mit dem Zylinder auf die Bank geklebt. Als besondere Verzierung können 2 Wachsperlenkerzen, 2 Ringe oder 2 kleine Vögelchen mit verarbeitet werden (paarweise arrangiert).

Einladungskarte, Menukarte und Danksagungskarte

Material
- aufklappbare weiße Briefkarte,
- ca. 25 cm langes, 1 cm breites Band,
- einige kleine Blüten aus Samt oder Satin,
- ein Erikazweiglein,
- Bindedraht,
- Klebepistole.

Arbeitsschritte

Auf die aufgeklappte Briefkarte wird quer über das Band geklebt. Blüten und Zweiglein werden zu einem Sträußchen gebunden, eine kleine Schleife vorgefertigt und eine kleine Samtblüte ganz kurz geschnitten. Auf das aufgeklebte Band werden zuerst der kleine Strauß, dann die Schleife, zuletzt die Samtblüte mit der Heißklebepistole geklebt. In die Karte hinein wird dann ein Textblatt, ein Bild der Verlobten oder etwas dementsprechendes eingeklebt. Auch die aufgeklebte Dekoration ist variabel.

Tischkarte für Sie und Ihn

Material für Sie
- 1 normale glatte Postkarte,
- 1 Erikazweiglein,
- ca. 3 Samtblüten,
- einige kleine weiße Wachsperlen,
- 15 cm langes, 5 cm breites lila Tüllband,
- 15 cm langes ganz schmales Schleifenband,
- Klebepistole.

Material für Ihn
- 2 Samtblüten,
- ein kleiner Zylinder.

Arbeitsschritte

Die Postkarte bücken Sie auf die Hälfte fest ab, so daß sie stehen bleibt. Auf die aufgeklappte Karte geben Sie in einigem Abstand 5 Tupfer Heißkleber und drapieren das Tüllband großzügig über eine Ecke. Aus den Blüten binden Sie einen kleinen Strauß und kleben diesen in die Tüllecke. Auf die Klebestelle montieren Sie eine kleine Schleife und auf alle gerafften Tüllstellen kleben Sie eine Perle.

Für seine Tischkarte verfahren Sie ebenso. Statt des Ecksträußchens kleben Sie den kleinen Zylinder, der vorher mit einem schmalen Band verziert wurde, auf.

Tischgestecke

Bei den Tischgestecken mit und ohne Kerzen können Sie Ihrer Phantasie freien Lauf lassen. Allerdings gibt es ein paar allgemeine Regeln, die Sie beachten sollten, damit Sie nachher auch mit Ihrem Gesteck zufrieden sind.

Beim Stecken einer flachen Schale oder eines Topfes lassen Sie die Steckmasse etwa gut 1 Fingerbreit über den Rand stehen. Die Ecken schneiden Sie etwas ab. Decken Sie immer zuerst den Boden mit etwas Moos ab und stecken es mit Drahtbögen etwas fest. Alle Materialien müssen vorbereitet sein, d. h. andrahten, Schleife binden, Blüten in verschiedene Stiellängen schneiden. Beginnen Sie mit dem Stecken vom Rand her rund um das Gefäß und „schaffen" Sie sich so zur Mitte hoch. Geben Sie dem Gesteck einen Schwerpunkt, etwa in einer besonderen Blüte oder einem Blatt, beziehungsweise durch eine bestimmte Höhe.

Die Gestecke hier sind auf kleine, ca. 5 × 5 × 5 cm große Stücke aus Steckmasse gearbeitet. Zuerst habe ich die Kerzen angeklebt, dann durch das Arrangieren des eigentlichen Gesteckes einen Schwerpunkt geschaffen. Hier ist Ihrer Phantasie keine Schranke mehr gesetzt. Achten Sie auf die farbliche Zusammenstellung. Problemlos können Sie weißen Blüten zu Ihrer Farbe verhelfen. Sprühen Sie die Blüten einfach farbig an. Genauso können Sie sich alle Zweige, Blätter und kleinen Äste in dem gewünschten Farbton herstellen. Feines Dekorationsmaterial wie Schmetterlinge, farbige Wattehaare, reichlich Bänder in verschiedenen Breiten und Materialien ermöglichen eine ausgefallene Zusammenstellung.

Dekorierte Sektflasche

Material

- je nach Flaschengröße eine halbe Steckmooskugel von ca. 4–6 cm Ø,
- 1–1½ m grobmaschiges Goldband,
- farblich abgestimmte Samt- und Seidenblüten,
- Veloursblätter,
- Klebepistole.

Arbeitsschritte

Die halbierte Moosisteckkugel wird mit dem grobmaschigen Goldband fest an den Flaschenhals gebunden, und zwar mit einer wieder zu öffnenden Schleife. Dieses Gesteck kann, wenn die Flasche verwendet wird, abgenommen werden und auf einen Kerzenleuchter gesteckt werden, so daß Sie an diesem Blumengesteck auch ohne die Flasche Ihre Freude haben können.

Alle Materialien werden in der Stiellänge auf 3 bis 5 cm zurückgeschnitten und damit ein gut bestecktes Arrangement zusammengestellt.

Platzgesteck

Beim Platzgesteck ist eine Klebepistole verwendet worden. Einen Schwerpunkt seitlich schaffen und besonders auf die farbliche Zusammenstellung achten.

Hochzeit

Es ist ein weit verbreiteter Brauch, zur Hochzeit Geldgeschenke zu machen. Besonders dann, wenn man nicht genau weiß, was dem jungen Paar im neuen Hausstand noch fehlt. So gibt man dem frischgebackenen Ehepaar die Möglichkeit, sich besondere Wünsche zu erfüllen. Da sich über Geschmack streiten läßt, können die jungen Leute ganz nach ihrem persönlichen Geschmack einkaufen.

Hier zeige ich Ihnen ein paar Verpackungsmöglichkeiten für das Geldgeschenk, die noch lange an die Hochzeit erinnern, auch wenn der Geldbetrag schon in einen praktischen Gegenstand verwandelt worden ist.

Auf der Rückseite dieses Hochzeitsbildes und des Baumbildes läßt sich problemlos ein Geldumschlag deponieren. Auch auf dem Taubenbild ist der Geldschein dezent, aber sichtbar angebracht.

Jede Menge Hochzeitsfeste

Hier habe ich zusammengestellt, welche Hochzeitstage in Norddeutschland, Dänemark und den Niederlanden gefeiert werden.

Grüne Hochzeit heißt die erste Hochzeit
Girlande aus Eibe oder Buchsbaum.
Schmuck: weiße Blumen, Seidenschleifen.
Papierne Hochzeit nach einem Jahr
Girlande aus Eibe.
Schmuck: Alles aus Papier.
Windbeutelhochzeit nach 5 Jahren,
wenn das Paar keine Kinder hat. Grüne Girlande.
Schmuck: Luftballon, Windbeutel.
Zinnerne Hochzeit nach 6½ Jahren
Grüne Girlande aus Eibe. Schmuck: alles aus Zinn oder aus Silberpapier.
Blecherne Hochzeit nach 8 Jahren
Grüne Girlande.
Schmuck: alles aus Blech, bunte Schleifen.
Hölzerne Hochzeit nach 10 Jahren
Girlande aus Eibe oder Hobelspänen. Schmuck: alles aus Holz.
Petersilienhochzeit nach 12½ Jahren
Keine Girlande.
Die „Braut“ trägt ein Kränzchen aus Petersilie auf dem Kopf.
Gläserne Hochzeit nach 15 Jahren
Grüne Girlande.
Schmuck: alles aus Glas.
Porzellanhochzeit nach 20 Jahren
Grüne Girlande.
Schmuck: Geschirr, Blumen, Schleifen.
Silberne Hochzeit nach 25 Jahren
Grüne Girlande.
Schmuck: Schleifen aus Silberpapier, Blumen.
Über der Tür eine 25.
Perlenhochzeit nach 30 Jahren
Grüne Girlande.
Schmuck: runde Kugeln und Ketten, Blumen.
Aluminiumhochzeit nach 37½ Jahren
Grüne Girlande.
Schmuck: alles aus Alufolie.
Rubinene Hochzeit nach 40 Jahren
Grüne Girlande.
Schmuck: Schleifen, Blumen in Rubinrot.
Goldene Hochzeit nach 50 Jahren
Grüne Girlande.
Schmuck: alles aus Goldfolie und eine goldene 50 über der Tür.
Diamantene Hochzeit nach 60 Jahren
Grüne Girlande.
Schmuck: alles, was funkelt.
Eiserne Hochzeit nach 65 Jahren
Grüner Girlande.
Schmuck: Blumen und Schleifen
Gnadenhochzeit nach 70 Jahren
Grüner Kranz.
Schmuck: Blumen und Schleifen.
Steinerne Hochzeit nach 75 Jahren
Grüne Girlande aus Eibe.
Schmuck: weiße Kieselsteine,
Blumen und Schleifen.

Brautpaargesteck

Material

Hier können Sie gleich den oberen Teil der Spandose vom Hochzeitshut verwenden.

- Steckmasse (trocken), 20 cm Ø, ca. 30 cm hoch,
- grünes Islandmoos,
- U-Haken,
- ca. 20 einzelne Blätter vom künstlichen Benjaminibaum,
- 5 weiße Stoffblätter,
- 2 Bündel Perlginster,
- 75 cm Voileschleife,
- 2 größere und 2 kleine weiße sowie 6 weiße Rosen mit Blättern,
- 2 Bündel weiß-grüne Sternblüten,
- 10 weiße Tüllblüten,
- 3 Stück 5 cm hohe Tülltuffs,
- ein weißer Metallring von 15 cm Ø,
- weiß irisierende dünne Perlschnur, davon 50 cm für eine Schleife.

Arbeitsschritte

In den Spandosendeckel die Moosisteckmasse kleben. Mit Islandmoos abdecken, mit U-Haken feststecken. Den Metallring mit der Perlenschnur eng umwickeln. Anfang und Ende festkleben. Das Voileband sowie die 50 cm Perlenschnur zu einer Schleife binden. Die 3 Tülltuffs vorbereiten, Drahtende stehen lassen. Buchszweige zweimal durchschneiden.

Die Benjaminiblätter bis auf $^{3}/_{4}$ Umfang über den Rand in die Steckmasse kleben, ebenso die Stoffblätter. Den Perlenring senkrecht auf der Moosisteckmasse durch das Moos befestigen. Das gekaufte „Brautpaar“ arrangieren, dahinter die Tülltuffs stecken. Alle Blüten, den Perlginster und den Buchs in unterschiedlicher Länge um das Paar stecken. Vor das Paar die Schleife einkleben.

Adolf
Marita

Buchskranz

Material

- einen Metallring von 15 cm Ø,
- grünes Kreppband,
- 10 Stiele Seidenbuchs,
- 7 größere, 20 kleinere weiße Rößchen,
- ca. 21 kleine weiß-grüne Sternblüten,
- grüner Bindedraht.

Arbeitsschritte

Der Buchskranz wird als Kerzenkranz oder für symbolische Ringe verwendet. Jeden Buchszweig in einzelne Stiele zerlegen. Diese zweimal knapp vor dem Blattansatz durchschneiden. Den Ring mit Kreppapier umwickeln, damit die Materialien nicht immer wegrutschen. Fassen Sie immer 3 Buchsstücke zusammen und binden Sie sie mit dem Bindedraht fest an den Ring. Im Wechsel von einer großen Rose, Buchs, 2 kleinen Röschen, Buchs, 3 Sternblüten, Buchs binden Sie den Metallring voll, bis Sie zum „Anfang" kommen. Die Zweiglein hochbiegen und so weit wie möglich die Materialien darunter binden. Draht verdrillen und Buchs und Röschen ordnen.

Bild mit Tauben und Geldschein

Material

- ein weißer Bilderrahmen von ca. 27 × 23 cm,
- 2 größere weiße Tauben,
- 2 goldene Metallringe von ca. 2,5 cm Ø,
- 1 Stiel Seidenbuchs,
- 3–5 weiße Federn,
- 8 größere weiße Blüten,
- 3 Blütenstiele Maiglöckchen,
- 1 m weiße dünne Perlschnur,
- je 1 m weißes, ganz schmales und 1 cm breites Band,
- Bindedraht,
- Heißkleber.

Arbeitsschritte

Blüten, Buchs, Federn und Maiglöckchen auf den unteren Rand als Gesteck kleben, die Tauben versetzt darüber. Aus den Bändern und der Perlschnur eine fünfschlaufige Perlschnur binden und ankleben. Den Geldschein zum Fächer falten, leicht ankleben. Die Metallringe symbolisch dazukleben.

Hochzeitshut

Material

Die Größe des Hutes können Sie selbst bestimmen. Achten Sie aber auf die Proportionen.

Sie benötigen einen weißen Karton von ca. 20 cm Ø,

- einen weißen Satinstoff für den Pappendeckel von 35 cm Ø,
- den höheren Teil einer Spandose von 11,5 cm Ø,
- dafür wiederum einen Stoffkreis von 11,5 cm Ø,
- 80 cm langes, 3 cm breites weißes Band,
- etwas weiße Farbe,
- Kleber (Ponal),
- 1,4 m weiße Schlingenborte,
- 2 × 40 cm lang und 3 cm breites Band für Bänder sowie 60 cm lang und 3 cm breites Band für die Doppelschleife,
- je nach Blütengröße 14 bis 20 weiße größere sowie 20 kleine weiß-grüne Sternblüten.

Arbeitsschritte

Den Pappkreis von 20 cm Ø sauber ausschneiden. Den Stoff aufkleben, so daß die „Hutkrempe“ in Falten gelegt ist. Den Rand bekleben Sie mit Schlingenborte. Die Spanschachtel streichen Sie weiß an, bekleben die Platte wieder mit Satinstoff, den Rand der Schachtel mit 2 Stücken der weißen Schleife. Die obere Kante bekleben Sie wieder mit weißer Schlingenborte, die weiße Fläche abdeckend mit den Blüten.

Dann kleben Sie den fertigen Dosenteil auf den Pappendeckel und decken die Klebestelle mit Schlingenborte ab. Die 2 Schleifenbänder von je 40 cm Länge kleben Sie knapp nebeneinander und bereiten die Schleife vor. Kleben Sie dann die Bänder an und decken alles mit der Schleife ab.

Tischdekoration „Sektglas“

Material

- ein einfaches langstieliges Sektglas,
- ca. 50 cm dicke weiße Perlschnur,
- eine halbe Steckmassekugel,
- Heißkleber,
- 2 × 3 verschieden große weiße Röschen,
- 3 Tülltuffs,
- 2 Zweige grüner Seidenbuchs,
- 3 Zweiglein grüner Farn,
- 3 Stiele Maiglöckchen,
- 12–16 weiß-grüne Sternblüten,
- eine 4rankige Perlenblüten-Rispe,
- 1 weißer Blütenzweig mit Perlginster,
- 1 schwarzer Zylinder mittlerer Größe,
- 15 cm weiße Schlingenborte,
- 2 × 30 cm weißes bis zu 1,5 cm breites Band,
- 15 cm Blumendraht,
- 3 weiße, bis zu 3 cm große Blätter.

Arbeitsschritte

Das Sektglas mit der dicken Perlschnur gut drei Viertel füllen. Die halbe Steckkugel mit der Wölbung nach oben auf den Glasrand kleben. Die Tülltuffs selbst herstellen wie bei dem Biedermeierstrauß oder fertig kaufen. Mit der Schlingenborte den Zylinder verzieren. Die Bänder zu Schleifen legen und auf den Zylinder kleben. Den Blumendraht in den Zylinder kleben.

Mit den Farnblättern beginnend, nach unten hängend, die Kugel bestecken. Die Maiglöckchen in die Kugelmitte stecken. Die Röschen abgestielt mit einstecken. Mit allen anderen Zutaten die Kugel gut abdecken. Seitlich die Blütenrispe und den Blütenzweig mit einkleben. Durch den Zylinder auf der anderen Seite einen Gegenschwerpunkt schaffen.

Geschenkbaum in weißem Rahmen

Material

- ein möglichst weißer Rahmen von ca. 20 × 17 cm,
- eine halbe Steckmooskugel von ca. 4 cm Ø,
- ein kleiner Ast von ca. 12 cm,
- ein Bündel Seidenbuchs,
- ca. 18 kleine weiß-grüne Sternblüten,
- ein Bündel weißer Perlginster,
- 5–7 goldene Perlen (hier: golden angesprühte wilde Mohnkapseln) oder entsprechend viele kleine goldene Blüten,
- 2 × 2 m ganz schmales, verschieden weißes Band,
- 0,75 m dünnes goldenes Band.

Arbeitsschritte

In den Rahmen vom unteren Rand beginnend bis knapp über die Mitte der Fläche den Ast kleben. Die halbe Moosikugel etwas ausschneiden, so daß sie problemlos über den Ast geklebt werden kann. Die Hälfte der Sternblüten auf 4 cm Stiellänge, den Rest auf 2 cm Stiellänge zurückschneiden. Den Buchs Blatt für Blatt zerschneiden. Den Perlginster jeweils nach der 3. Perle abschneiden. Die Bänder in großzügige Schleifen legen, drahten und an den Baumstamm kleben, mit ca. 3 Blüten dazwischen.

Tischkarte „Töpfchen“

Material

Einen kleinen Blumentontopf von ca. 5,0–5,5 cm Ø außen weiß anmalen oder mit Satinstoff bekleben. Die Größe des Stoffes ergibt sich aus der Größe des Topfes.

- Etwas Steckmasse trocken,
- Heißkleber,
- ca. 18–20 cm bis zu 2 cm breite weiße Tüllspitze,
- dem Topfumfang entsprechend 17–20 cm weiße Schlingenborte,
- 1 Zweiglein grüner Seidenbuchs,
- etwas Bindedraht,
- 5–7 kleine weiße Blüten,
- 3 Stiele Maiglöckchen, ca. 10 cm,
- einen kleinen Blütenzweig mit mehreren kleinen Blüten.

Arbeitsschritte

Den Topf weiß anmalen oder einen entsprechenden Kreis aus weißem Stoff zuschneiden, am Topf gemessen mit Einschlag. Den Stoff von außen nach innen einkleben, dann den Topf mit Steckmasse füllen. Die Schlingenborte am oberen Rand ankleben. Die Schleife aus Tüllspitze binden und aufkleben, dann mit einer weißen Blüte die Abbindestelle verdecken. Mit den 3 Maiglöckchenstielen die Mitte des Topfes bestecken, mit allen gekürzten Materialien den Topf füllen. Zuletzt seitlich die Blütenranke, nach unten hängend, einstecken.

Biedermeiersträußchen

Material
- eine 5 cm Ø große grüne Biedermeiermanschette,
- 2 × 15 cm lange und 3 cm breite weiße Tüllstreifen,
- dünner Bindedraht,
- 3 kleine Seidenrosen,
- 5 kleine weiß-grüne Sternblüten,
- ca. 30 dünne weiße Kordel,
- ebensoviel 1 cm breites grünes Satinband,
- etwas grünes Kreppband.

Arbeitsschritte
Aus den Tüllstreifen 2 Tüllbündel binden, Drahtenden stehen lassen. Satinband und Kordel zu kleinen Schleifen binden. Alle Zutaten zu einem Strauß fassen, zuletzt die Schleifen dazugeben. Alle Stiele zusammenbinden, durch die Manschette stecken. Auf ca. 6 bis 7 cm zurückschneiden, mit gespanntem Kreppband fest abbinden.

Tischband mit Gesteck

Material
Je nach Tischlänge 11 cm breites weißes Moiréband verwenden. Für die Mitte entsprechend anderes Band, ca. 3 cm breit, Heißkleber.
Für das Gebinde:
- 2 Stiele à 4 Stengel grüner Seidenbuchs,
- 1 m weißes Voileband,
- 2 verschieden lange Perlen-Blütenrispen,
- 1 größere weiße Rose,
- 6 ca. 15–18 cm große Ginsterblütenstiele,
- 1–3 Maiglöckchen,
- Bindedraht,
- grünes Kreppband.

Arbeitsschritte
Aus Moiréband eine Ecke legen und nach hinten kleben. Aus dem Voileband eine großzügige Schleife binden. Seidenbuchs und Ginsterblüten zu einem flachen Strauß fassen, abbinden. Voileschleife und Blütenrispen zusammendrahten. Beide „Sträuße“ fassen, abbinden und mit Kreppband fest umwickeln. Die Rose einkleben. Dabei darauf achten, daß Buchs und Ginster nach oben und Schleife und Rispen nach unten schauen. Gesteck auf die Bandspitze kleben.

25
25

Silberhochzeit

25 Jahre Ehejubiläum: Die Tradition beschert uns wieder ein Fest. 25 Jahre Ehe, ein Grund zu feiern. Das Leben hat in dieser langen Zeit jedem Ehepaar viel Erfahrung gelehrt.

Ein besonderer Tag, dem es gebührt, besonders gefeiert zu werden.

Meine Vorschläge reichen von der Einladungskarte bis zur Tischgirlande. Meine Ideen sollen Ihnen helfen, diesen Tag im kleinen und auch im großen Kreise besonders zu feiern.

Die Farbe Silber soll alle Teilnehmer festlich einstimmen.

Stammbaum

Material

- eine weiße Steckschale von ca. 20 cm Ø mit ca. 3–5 cm hohem Rand,
- Heißkleber,
- 2 Zweige Haselnuß-Korkenzieher,
- Silberspray oder Farbe,
- 1 Ziegel Steckmasse (trocken),
- 3 Zweige weiße Seidenrosen mit je 3 Blüten,
- 1 Zweig silberner Margeriten,
- 1 Bündel kleinster Seidenröschen silber,
- 1 Bündel mittelgroßer Seidenröschen, silbern,
- 1 Zweig Farn,
- 2 Zweige russischer Wein,
- 2 Zweiglein Efeu,
- 5 der kleinsten Lotusblätter,
- 1 m große Silberperlenschnur,
- Wickeldraht,
- 2,5 m langes und 2 cm breites weißes Schleifenband,
- 2 m ganz schmales weißes Band.

Arbeitsschritte

Schneiden Sie sich die Haselnußzweige in der gewünschten Größe zurecht und kleben sie mit reichlich Heißkleber in die eine Seite der Schale. Wenn der Heißkleber ganz trocken ist (in ca. 5 Minuten), die ganze Schale mit Steckmasse füllen und gut 2 bis 3 cm höher als den Schalenrand stehenlassen. Stecken Sie hier von außen nach innen, die Steckmasse deckend, ab. Beachten Sie, daß auch die Rosenstiele nicht zu lang bleiben, da es ein flaches Gesteck werden soll. Schaffen Sie gegenüber der Zweighöhe einen seitlichen Schwerpunkt, indem Sie Zweige bis zu 25 cm über den Schalenrand hängen lassen. Perlenschnur und Bänder zu großzügigen Schleifen drahten und mit einstecken. Alle Stiele vorher in Heißkleber tauchen. Die fertigen Bilder über den „Baum“ verteilen.

Einladungs- und Danksagungskarten

Material
1 weiße aufklappbare Postkarte. Den äußeren Maßen entsprechend viel Schlingenborte, d. h. die Hälfte ca. 25 cm, da sie geteilt wird, für die Bildumrahmung ca. 35 cm, für die Doppelschleife ca. 35 cm,
- 2 kleine weiße Blüten
- ein großer gekaufter Spiegeltaler, von ca. 2 cm Ø.

Arbeitsschritte
Eine normale glatte aufklappbare Briefkarte wird am äußeren Rand mit geteilter Schlingenborte beklebt. Ein Bild der Familie wird rund oder oval zugeschnitten und auf die Mitte der Karte geklebt, der Rand mit Schlingenborte abgedeckt. Eine kleine Schleife, 1–2 kleine weiße Blüten sowie ein kleiner Spiegel schmücken die Seite. Innen in der Karte können Sie einen Text, dem Anlaß entsprechend, einlegen.

Geschenkkorb

Dieser hübsche silberne, geschmückte Korb bietet eine Möglichkeit viele kleine Geschenke zu überreichen. Später findet er Verwendung im Wohnbereich oder als Brotkörbchen. Er läßt sich durch unterschiedliche Ausgestaltung und Farben zu den verschiedensten Anlässen verschenken. Der Arbeitsweg bleibt bei jeder Größe gleich. Eine genaue Materialangabe ist nicht möglich, da diese sich nach der Korbgröße richtet.

Arbeitsschritte
Den Korb innen in der gewünschten Farbe, hier Silber, aussprühen. Den Außenumfang des Korbes messen und 5 cm für die Weite und 5 cm für das Köpfchen dazurechnen. Den Vliesstoff genau vom Korbrand außen über den Boden zum anderen Korbrand außen bemessen. Den Stoff am Rand ca. 2 cm umbücken und mit doppeltem weißen/silbernen Nähfaden durchheften. Den vorbereiteten Stoff auf den Tisch legen, Vlies hinein- und den Korb in die Mitte stellen. Den Faden anziehen und in Höhe der Heftlinie durch den Korb stechen. Dabei in einem „Schritt“ weiter gehen, bis der Stoff fest am Korb ist. Die Nählinie mit breitem Band abdecken. Rechts und links am Korbrand ein Gebinde, hier aus weißen Schleifen mit 2 Farnblättern, kleben. Perlschnüre, je 2 bis 3 silberne Margeriten oder Rosen, evtl. kleine Spiegel beigeben.

Kerzenteller

Kerzenhalter können Sie natürlich kaufen. Da Stumpenkerzen ein gutes Standvermögen haben, mache ich diesen ausgefallenen Vorschlag mit den Spiegeltellern. Sie können diese in vielen Formen kaufen, aber auch beim Glaser zuschneiden lassen. Dazu kaufen Sie nicht zu große Stumpenkerzen, farbig oder weiß.

Material

Runde Spiegelteller von 8–10 cm Ø, oder oval von 10 × 5 cm Ø. Dem Umfang entsprechend viel silberne Schlingenborte,

- 3 größere silberne Blätter, 30 cm lang,
- ½ cm breites silbernes Band,
- 1 Spiegelchen von ca. 1 cm Ø,
- silberne Farbe,
- Bindedraht,
- Heißkleber.

Arbeitsschritte

Die Rückseite der Spiegel mit silberner Farbe anmalen. Die Ränder mit Schlingenborte bekleben. An den Stoßstellen die Blätter, dann die vorgefertigte Schleife, zuletzt das Spiegelchen ankleben.

Spandose

Material

Für diese Dosengröße ca. 6 weiße Seidenblätter,

- 6 kleine, 1 große silberne Blüte,
- ca. 25 cm weiße Schlingenborte,
- ca. 2 m silberne Schlingenborte,
- ca. 1 m langes und 1 cm breites silbernes Band,
- 1 weißer Stoffkreis von ca. 30 cm Ø,
- silberne Farbe zum Sprühen oder Anmalen,
- Heißkleber.

Arbeitsschritte

Den Dosendeckel innen und außen, den Dosenboden nur außen und am Boden silbern ansprühen/bemalen. In das Bodenunterteil nur am Rand den weißen Stoff einkleben. Klebestelle mit Schlingenborte zum Rand bündig ankleben. Am Bodenunterteil den Rand mit Schlingenborte bekleben, dann das Band, anschließend die geteilte Schlingenborte. Nahtstellen sollen immer übereinander liegen. Den Deckel ebenso mit Borte und Band verzieren. Deckelmitte mit Blüten und Blättern schmücken. Beachten Sie, daß beim Schließen der Dose die Borte nicht hinderlich ist.

Geschenkanhänger

Auch zur Silberhochzeit gibt es Geschenke. Sind sie praktischer Art, fallen sie bald ihrem Verwendungszweck zu. Ein hübscher Geschenkanhänger könnte da zur Erinnerung übrigbleiben. Die Serviettenschleife aus dem gelochten Band wäre schon eine Möglichkeit, ebenso dieser verzierte Kunststoffring, den es in den verschiedensten Größen gibt. In einfacher oder doppelter Ausführung kann er ein Geschenk schmücken.

Material

Ein Kunststoffring von ca. 8 cm Ø,
- 1 kleine weiße Taube,
- 5 klare Perlen von ca. 0,8 cm Ø,
- 3 kleine weiß irisierende Blätter,
- 2 m langes, ca. 1 cm breites weißes oder irisierendes Band,
- Heißkleber.

Arbeitsschritte

Den Kunststoffring mit dem Band so umwickeln, daß der Ring noch sichtbar bleibt. Ca. 5 cm und 3 cm Band abschneiden, an je eine Schnittkante eine Perle kleben, ca. 30 cm Band als Aufhänger weglegen. Aus dem Rest einen Schleifentuff legen. Diesen mit dem Aufhänger ankleben. Aus allen anderen Materialien ein Gesteck zusammenkleben. Die kleine Taube zuletzt aufkleben.

Serviettenschleife

Material

- ca. 50 cm langes, 8 cm breites silbernes Lochband,
- etwas Bindedraht,
- 3 größere silberne Rosen und 2 Blätter,
- 1 weiße Rose,
- 1–2 kleine weiße Blüten,
- 2 × 5 cm langes Perlenband (so stark wie möglich),
- 2 große silberne Kugeln,
- Heißkleber
- (evtl. weiße Postkarte für das Namensschildchen).

Arbeitsschritte

Die Serviettenschleife ist auch als Tischkarte benutzbar. Aus dem Lochband eine große Schleife binden. Bandenden schräg anschneiden. An das Ende der Perlenschnüre jeweils eine große silberne Kugel ankleben. Aus den Rosen, Blüten und Blättern ein Gebinde fassen, mit Bindedraht fest abbinden. Stiele auf ca. 2 cm zurückschneiden. Mit dem Heißkleber das Gebinde auf die Schleifenmitte kleben sowie die Perlenschnüre aufkleben. Von Fall zu Fall Namensschildchen anfertigen und mit aufkleben. Durch kräftiges Zurechtbiegen kann die Schleife auch „stehen“ und somit als Tischkarte verwendet werden.

Gästenamensschildchen

Diese Idee habe ich von einer goldenen Hochzeit im Bekanntenkreis mitgenommen, die Ausgestaltung kann sehr vielseitig sein. Namensschildchen finde ich einmalig, da auch auf solchen Familienfesten sicher Verwandte und gute Freunde sind, die sich untereinander wenig oder gar nicht kennen. Die erste Hürde ist schon mal genommen, wenn ich meinen Gesprächspartner mit Namen ansprechen kann. Für den einen ist es Tante Jette, für den anderen die Frau Walkling. Mein Vorschlag wäre, von Fall zu Fall beides aufzuschreiben. Einen Gestaltungsvorschlag für Sie und Ihn zeige ich Ihnen hier auf. Wenn Sie später das Namensband abschneidet, bleibt eine hübsche Anstecknadel zurück.

Material

- 1 weiße Postkarte,
- 1 Anstecknadel,
- 1 Zweig Farn (Material wie Seidenblumen),
- 3 silberne Blätter, ca. 3–4 cm groß,
- 3 weiße Rosen,
- 3 Zweiglein weißer Perlginster,
- 2 weiße Blüten,
- 2–3 silberne kleine Rosen,
- weißes Kreppband 1 cm breit,
- 50 cm langes und 2 cm breites weißes Band,
- etwas dünner Basteldraht,
- Heißkleber.

Arbeitsschritte

Ca. 15 cm langes weißes Band abschneiden, eine Schnittkante zur Spitze legen. Eine weiße Rose aufkleben. Aus dem restlichen Band eine gleichmäßige Schleife binden. Alle weiteren Materialien auf dem Farnblatt zu einem Gebinde fassen, alle Stiele zusammenfassen, etwas kürzen. Mit weißem Kreppband gut umwickeln. Die Schleife aufkleben. Das vorbereitete Band und die Anstecknadel auf die Rückseite kleben.

Tischkarten

Unsere Ideen sind fast grenzenlos. Ganz schnell haben Sie im Farbton passend, nämlich in Silber, für jeden Gast eine ausgefallene Tischkarte, wenn Sie die käuflichen Manschetten oder Tassendeckchen verwenden. Mit einer weiteren Farbe, nicht nur Weiß, erreichen Sie einen Blickfang.

Material
1 Untersetzdeckchen von ca. 15 cm Ø ergibt 2 Tischkarten. Für 1 Karte ca. 50 cm silbernen oder weißen Pfeifenputzer,
- ca. 7 weiße oder silberne kleine Samtblüten,
- etwas weißer Karton,
- Uhu tropffrei oder Heißkleber.

Oder: Nur eine Bastelmanschette sehr steif,
- etwas farbiges Papier,
- Silberglimmerstaub.

Arbeitsschritte
Das Untersetzdeckchen halbieren. Für die Mitte einen Halbkreis aus weißem Papier oder leichter Pappe schneiden. Vor dem Aufkleben beschriften, indem mit Kleber der Name geschrieben wird, sofort mit reichlich Glimmer bestreuen. Nach dem Aufkleben das Namensschildchen mit einer Ranke, aus Samtblüten und Pfeifenputzer gedreht, umkleben. Die Rückseite mit leichter Pappe versteifen und gleichzeitig „Ständer" anbringen.

Oder: Aus der Bastelmanschette 2 Bögen herausschneiden, auf der Rückseite versteifen und Ständer anbringen. Die Mitte aufbiegen. Namensschild einkleben, vorher beschriften.

Menukarte

Material
Eine aufklappbare weiße Postkarte,
- Silberspray oder Farbe,
- eine Schablone von der Zahl 2 und 5 oder 25,
- ca. 80 cm dünne silberne Perlenschnur,
- 2 silberne Perlen von ca. 1 cm Ø,
- 2 kleine weiße Blüten.

Arbeitsschritte
Die Karte aufklappen, den Bug nach oben schauend auflegen. Auf die rechte Seite die Zahlenschablone legen und die ganze Karte mit Silber anmalen oder ansprühen. Die silberne Perlschnur doppelt fassen und um die Karte schlingen. Oben und unten eine weiße Blüte ankleben. An den Enden der Perlschnur die große silberne Perle als Abschluß ankleben.

Tischgirlande

Die Länge dieser schmalen dekorativen Tischgirlande bestimmen Sie selbst. Hier in dieser Länge ist sie verwendbar als Platzgirlande für das Silberpaar, oder sie schmückt die Tafel. Später können Sie sie als

Türgirlande verwenden oder schmücken eine Weile Ihr Silberhochzeitsfoto damit. Die Materialmenge ergibt sich natürlich aus der gewünschten Länge. Diese Girlande ist ca. 1,30 m lang und 5–7 cm breit, nimmt somit auf dem Tisch nicht soviel Platz weg.

Material
- 1,30 m lange und ca. 1 cm dicke Kordel oder dikker Bindfaden,
- ca. 40 silberne Farnblätter, 5 cm lang,
- ca. 27 silberne Margeriten (entspricht 3 silbernen Margeritenzweigen),
- 3–4 künstliche Zweige vom Benjaministrauch (oder Efeu),
- ca. 20 weiße Blüten (nicht zu klein),
- eventuell eine Blütenrispe zerschneiden,
- Bindedraht,
- 60–70 kleine runde Spiegel von ca. 1 cm Ø.

Arbeitsschritte
Alle Materialien vorbereiten; Benjamini- und Margeritenzweige in Blätter und Blüten zerlegen. Die Spieglein zu Ketten von 3 und 5 Stücken zusammenkleben.

Beginnen Sie mit 3 Benjaminiblättern und binden Sie diese fest mit Bindedraht zusammen und dann an eine Kordel/Bindfadenende. Jetzt nehmen Sie jede Blüte, jedes Blatt einzeln und binden es deckend flach an die Kordel, bis Sie die gewünschte Länge erreicht haben. Da die meisten Blüten und Blätter Drahtstiele haben, können Sie sie zurechtbiegen, so daß die Girlande keine Lücke hat. Die vorbereiteten Spiegel kleben Sie in Abständen auf die grünen Blätter. Bei Kerzenschein sorgen sie durch ihre Reflexe für einen besonders festlichen Glanz.

Tischgesteck

Material
Eine flache Schale von ca. 15–20 cm Ø und 1 Rand von ca. 1 cm Höhe (hier oberer Teil einer Spandose),
- Heißkleber,
- silberne Farbe oder Sprühfarbe,
- Steckmoos trocken, ca. 10 × 10 cm,
- ca. 4 × 1 m Band weiß und 1 cm breit,
- 2 × 50 cm silbernes Band, 2 cm breit,
- 10 U-Haken,
- 6 weiße oder silberne Pfeifenputzer,
- 1 Handvoll grünes Moos,
- 10–12 weiße Rosen und Rosenknospen,
- 10 silberne Plastikblätter,

- ca. 8 silberne kleine Steckkugeln von 1,5 cm Ø,
- 10 ca. 15 cm große Zweiglein mit mehreren kleinen Blüten,
- etwas feines Gras,
- ca. 4 silberne Margeriten,
- 3–5 kleine silberne Rosen,
- 2–4 Zweige Efeu.

Arbeitsschritte
Der Dosendeckel wird silbern angemalt oder gesprüht. In die Deckelmitte die Steckmasse kleben. Diese mit Moos abdecken und mit den U-Haken befestigen. Die Pfeifenputzer über einem runden Stab zu einer Spirale drehen. Beim Herunternehmen die Spirale etwas aufziehen. Die weißen Schleifen ca. 10 cm lang drahten, die Bänder dann etwa 10 cm lang belassen. Ebenso die Silberschleifen ca. 10 cm groß legen. Beim Stecken die erste Rose ca. 15 bis 20 cm hoch in die Mitte stecken, dann die weiteren weißen Rosen kürzen und verteilt in die Steckmasse stekken. Alle weiteren Materialien rundherum stecken, darauf achten, daß sie unterschiedlich lang sind und daß das Gesteck von allen Seiten anzuschauen ist. Je nach Geschmack die silberne 25 einstecken oder auch 1 bis 2 schöne, lange, schlanke Kerzen verarbeiten (Kerzen andrahten).

Goldene Hochzeit

Bei der Überlegung zur Farbauswahl dieses Themas bin ich von den Farben Gold mit etwas Weiß auch zu der Idee gekommen, warme Farbtöne zu verarbeiten. Warmes Gold läßt symbolisch auf ein erfülltes Leben zurückblicken. So verarbeite ich neben Blüten, Bändern und Blättern auch Früchte. Im Hinterkopf hatte ich den Gedanken „Was man sät, das erntet man nach einem erfüllten Leben."

Namensanstecker für Gäste

Material
- 2–3 kleine Ilexperlen,
- 25 cm langes und 1 cm breites weißes Schleifenband,
- goldener Bindedraht,
- 3 Schlaufen aus goldener Bouillon,
- 10 kleine weiße Wachsperlen,
- Heißkleber.

Arbeitsschritte
Zweimal 5 Perlen auf Bindedraht auffädeln, zum Kreis binden. Dreimal ca. 2,5 cm Bouillondraht auffädeln, zur Schlaufe binden, eine Schleife vorbereiten. Alle Materialien beliebig erweitern und zu einem flachen Gebinde zusammendrahten, gut abbinden. Stiele auf 2 cm zurückschneiden. Zuletzt die Schleife aufkleben. Namensschild anbringen. Auf der Rückseite Anstecknadel ankleben.

Anstecknadeln für das Jubelpaar

Nicht jede goldene Hochzeiterin mag sich ein Golddiadem ins Haar stecken.

Hier ein Vorschlag für Sie und Ihn, etwas besonderes am goldenen Hochzeitstag zu tragen.

Material für 1 Nadel
- ca. 25 cm langes und 1 cm breites goldenes Band,
- goldener Bindedraht,
- 1 Anstecknadel,
- ca. 30 ganz kleine und 3 goldene Perlen von 0,5 cm Ø,
- Plombendraht gold,
- feiner goldener Bouillondraht,
- Heißkleber.

Arbeitsschritte
Aus dem Plombendraht ca. 20 gut 2 cm große Schlaufen binden und reichlich mit gespanntem Bouillondraht umspannen. Jede Goldperle einzeln andrahten und kleine Rispen aus 2, 3 oder 5 Perlen binden. Eine Schleife vorbereiten. Draht kurz schneiden. 2 Blüten mit je 1 dicken Perle binden. Für den Anfang 3 Blätter zusammendrahten. Aus allen Materialien ein ca. 8 cm langes Gebinde drahten. Zuletzt die Schleife auf die Rückseite der Anstecknadel ankleben. Das Ganze leicht biegen. So wird eine gewisse Leichtigkeit vorgegeben.

Serviettenringe aus Kunststoff

Material und Arbeitsschritte finden Sie im Kapitel Taufe beschrieben.

Goldkörbchen

Das Körbchen gold färben und mit Moosi füllen. Alle Stiele auf ca. 3 cm zurückschneiden, die Schleife und Ringe andrahten, die aus Perlschnur gefertigten Schlaufen ebenfalls. Mit allen Zutaten das Körbchen dekorieren.

Geschmückter Babyschuh

Material

- kleinster Kinderschuh (hier bereits getragen),
- Goldfarbe oder Spray,
- 4 × 7 × 4 cm Moosisteckmasse trocken,
- 4 schmale Goldfarnzweige,
- 4 kleine weiße Blüten,
- 4 goldene und 4 weiße Rosen,
- 6 sehr kleine goldene Rosen,
- 0,75 m langes und 1 cm breites weißes Band,
- 2 Zweiglein mit mehreren goldenen oder weißen Blüten,
- 50 cm goldene Perlschnüre,
- 1 Zweiglein Buchs,
- 3 kleine Zweiglein grünes Farnblatt,
- 3 Stränge weißer Perlginster,
- 6 unterschiedlich lange kleine weiße Blütenrispen, bis zu 25 cm,
- 2 dicke weiße Wachsperlen von 0,8–1,0 cm Ø,
- 60 cm weiße dünne Kordel als Schnürsenkel,
- 1–2 weiße irisierende Blätter,
- Bindedraht,
- Heißkleber.

Arbeitsschritte

Schleifen und Perlschnüre nach Anleitung von Seite 50 vorbereiten. Draht nicht abschneiden. Blüten und Blätter während der Arbeit auf die notwendige Länge schneiden. Vorweg die Kordel als Schnürsenkel einziehen. Den Schuh mit Moosisteckmasse trocken füllen und festkleben. Über den Schuhrand ca. 1 cm überstehen lassen. Schuhe gut binden. An den Enden die dicken Perlen einkleben. Den Schuh so bestecken, daß er von allen Seiten anzuschauen ist. Seitlich Schleife und Perlschnur einstecken.

Raffklammer für die Tischdecke

Material

Für die einfache Schleife in Weiß:
- 30 cm langes und 2 cm breites Band.

Für die doppelte Schleife in Gold:
- 1 m langes und 1 cm breites Band.

Für die dreifache Schleife in Gold:
- 1 m langes und 0,5 cm breites Band.
- 5 Dekogoldkugeln am Stiel von ca. 1 cm Ø,
- 0,5 m dünne Goldperlenschnur,
- 1 Kerzenhalter,
- 7 Goldmargeriten,
- Bindedraht,
- Heißkleber.

Arbeitsschritte

Die einfachen, doppelten und dreifachen Schleifen nach Anweisung von Seite 42 vorbereiten. Gut mit Bindedraht abbinden, Draht bis auf 1 cm zurückschneiden. Perlenschnur vorbereiten, andrahten. 2 Margeritenstiele mit je 3 Blüten auf ca. 15 bis 20 cm zuschneiden. 1 Blüte ganz kürzen. Den Kerzenhalter innen aufbiegen und mit den Materialien ein Gebinde arrangieren. Dabei beachten, daß es an eine Tischdecke geklammert wird. Es soll ein oben und ein unten geben.

Tischgesteck

Material

- Seidenblumen/Seidenblätter,
- 1 längliche Glasplatte oder Holzscheibe von ca. 35–40 cm Länge und ca. 15 cm Breite,
- ein halber Ziegel Steckmasse (trocken),
- 3 m lange große Goldperlenschnur,
- 9 weiße Gladiolenstiele,
- 8 Zweige goldene Margeriten,
- 2 goldene kleine Steckkugeln,
- 6 Zweige Efeu,
- 3 Zweige Farn,
- 2 Bündel Seidenröschen,
- 3 m langes und 1 cm breites Goldband,
- grüner Wickeldraht,
- Heißkleber.

Arbeitsschritte

Das Tischgesteck wird ca. 1,40 m lang. 2 × 2 Zweige Efeu in je 3 Teile zerlegen und mit Wickeldraht zu 2 langen Zweigen binden. Je 1 Gladiolenzweig ergibt eine seitliche Länge. Zwei Margeritenzweige in verschieden lange Stücke schneiden. Ebenso 3 Gladiolen auf einmal 25 cm und zweimal 30 cm zurückschneiden. 2 großzügige Schleifen aus dem Band binden und reichlich Drahtstücke stehen lassen. 1 Farnblatt in einzelne Teile zerlegen. Die Perlschnüre in 2 gleiche Schleifen legen und mit Wickeldraht abbinden. Draht stehen lassen. Jeweils 3 kleine goldene Steckkugeln bündeln. Viermal je 3 Röschen zu einem langen Zweig andrahten.

Beginnen Sie beim Stecken mit den längsten Teilen – angedrahtete Efeuzweige und Gladiolen – und stecken Sie sie seitlich in die Steckmasse. Dann bei den zwei kurzen Seiten und bei der Mitte mit dem Stecken beginnen. Nun füllen Sie das Gesteck mit allen Materialien so, daß es seitengleich gesteckt ist und von der Steckmasse nichts zu sehen ist. Alle Stiele kurz in Heißkleber stecken, damit das Gesteck an Festigkeit gewinnt. Zum Transportieren schneiden oder kleben Sie sich eine lange Unterlage aus Pappe zurecht.

Serviettenklammer

Material

- 1 Christbaumkerzenhalter in Gold,
- 3 kleine goldene Dekokugeln am Stiel von ca. 1,5 cm Ø,
- 1 goldene und 1 weiße Rose,
- 2 goldene Blätter (ca. 3 cm groß),
- ca. 30 cm langes und 2,5 cm breites goldenes Band
- ca. 60 cm langes und 2 cm breites Goldband,
- ca. 30 cm langes und 2 cm breites weißes Band,
- ca. 1 m langes und 0,5 cm breites gold-weißes Band,
- Heißkleber.

Arbeitsschritte

Blüten, Blätter und Dekokugelstiele auf ca. 1 cm zurückschneiden. Aus den Bändern einfache oder doppelte (dreifache) Schleifen legen. Mit Draht fest abbinden. Aus dem breiten Goldband nur ein Band binden.

Den Kerzenhalter innen ganz aufbiegen und mit Heißkleber füllen. Jetzt nach und nach alle Schleifen einkleben. Ins Innere nochmal Heißkleber. Blätter, Blüten und Dekokugeln arrangieren.

Tischkarte

Material

- 3 Goldfarnblätter ca. 6 × 3 cm (breit),
- 1 Goldfarnblatt ca. 7 cm lang (schmal),
- 3 Dekosteckkugeln von ca. 1,5 cm Ø,
- 1 goldenes Seidenröschen,
- Bindedraht in Gold.

Arbeitsschritte

Alle Materialien zu einem Strauß fassen. Zuerst die Farnblätter, dann Dekokugel und Rose. Stiele fassen und gut mit Bindedraht über 1 cm abbinden. Stiele nach hinten bücken, in drei Gruppen teilen, sie ergeben den Stand. Vorne Namensschild anbringen.

Gedeckranke

Material

- 50 cm langes und 1 cm breites Goldband für die Schleife,
- 1 goldene Traube,
- 12 (1 Bündel) rostrote Seidenrosen,
- 4 braunglänzende Steckkugeln von 2 cm Ø,
- 2 mattgoldene Steckkugeln von 2 cm Ø,
- 28 grüne Veloursblätter, 2 cm groß,
- 26 goldene größere Ilexperlen,
- 10 mattgoldene, 3 cm große Goldblätter,
- 7 Zweiglein mit mehreren kleinen gelben Blüten,
- 6 ca. 1 cm große, aus Plomben- und Bouillondraht selbstgefertigte Filigranblätter in Gold,
- 20 Filigranblätter (3 cm groß),
- 1 goldene Traube,
- 1 grüner Steckapfel von 3 cm Ø,
- 1 goldener Steckapfel von ca. 2,5 cm Ø,
- 6 × 60 cm gelbes und 2 × 60 cm grünes schmales Samtband.
- Bindedraht,
- Heißkleber.

Arbeitsschritte

Diese Ranke wird in 3 Teilen gearbeitet. Zuerst werden alle Materialien vorbereitet. Die gelben Blütenzweige werden in je 3 gleiche Teile geschnitten.

Aus Plombendraht und Goldbouillon werden 30 ca. 2 cm große Filigranblätter gefertigt (s. Anleitung Seite 55). Je 5 solcher Blätter werden zur Blüte gefaßt mit einer Seidenrose als Mittelpunkt. Alle Stiele verdrillen und auf 1 cm zurückschneiden.

Aus den Samtbändern werden 3 gelbe und 2 grüne Doppelschleifen gefertigt. Draht auf 1 cm zurückschneiden. Ferner aus Plombendraht 20 Filigranblätter fertigen. Drahtenden nicht abschneiden.

Jetzt werden 2 gleiche Rankenteile gebunden aus je 8 großen Filigranblättern, 13 großen Ilexperlen, 14 grünen Veloursblättern, 3 gelben Blütenzweigen, die in je 3 Teile zerschnitten wurden. Eine gelbe und eine grüne vorbereitete Samtschleife sowie je eine goldene und braune Steckkugel wird in die Ranke geklebt, ebenso die rostrote Seidenrose mit den Filigranblättern. Aus allen übrigen Materialien wird das Mittelstück auf eine Holzscheibe oder festen Pappteller von ca. 5–8 cm Ø zusammengeklebt, beginnend mit den mattgoldenen Blättern. Dann wird die Ranke von rechts nach links in leichtem Bogen eingeklebt. Die halbe Rankenlänge beträgt ca. 50 cm.

50
Anna
Hans

Serviettenring

Material

- 1 Kunststoffring von ca. 5 cm Ø,
- schmales gelbes, 0,5 cm breites Samtband,
- 2 grüne Veloursblätter, ca. 2 cm groß,
- 1 rostrote Seidenrose,
- 3 große Ilexperlen,
- 25 cm langes und 0,5 cm breites goldenes Band,
- 0,5 cm breites grünes Band,
- 5 große, 2 kleine Blätter aus Plombendraht und Bouillondraht wie bei der Anstecknadel auf Seite 55 beschrieben, vorbereiten.

Arbeitsschritte

Den Ring mit dem Samtband großzügig umwickeln. Anfang und Ende festkleben. Schleifchen vorbereiten. Aus allen Materialien ein Gebinde auf den Ring kleben. Später ein Band als Aufhänger anbringen. Als Wandschmuck zur Erinnerung verwendbar.

Kerzenhaltergesteck

Material

- 1 Kerzenhalter mit höherem Fuß,
- etwas Steckmoos trocken,
- 2 gekaufte goldene Weinreben,
- 3 goldbraune Dekosteckkugeln von ca. 1 cm Ø sowie 3 goldene,
- 1 Paket Goldperlenginster,
- ca. 5 längere gelbe Blütenzweige,
- 2 m goldenes Band, 1 cm breit,
- 1 m Samtband goldgelb, 1 cm breit,
- 6–8 grüne Veloursblätter, 2 cm groß,
- 12 rostrote Seidenrosen (1 Bündel),
- 1 grüner dicker Dekoapfel,
- 5–7 große goldene Ilexperlen,
- Heißkleber.

Arbeitsschritte

2 goldene und 1 samtgelbe großzügige Schleife mit längeren Bändern vorbereiten. Den Kerzenhalter mit Steckmoos füllen. Mit den vorbereiteten Zutaten ein lockeres Gesteck zusammenstellen. Stiele vorher in Heißkleber tauchen. Die Weinrebe soll die Vorderansicht bilden.

Gefüllte Körbchen als Tischkarte

Material

- 1 golden bemaltes oder besprühtes Henkelkörbchen von ca. 5–6 cm Ø, Höhe ca. 7 cm,
- 5–7 verschieden große grüne Veloursblätter,
- 2 rostrote, 1 goldene Seidenrose,
- 5 farblich dazu passende rostrote kleine Samtblüten
- 3 goldene Steckkugeln von ca. 1,5 cm Ø,
- 11–13 0,5 cm große goldene Ilexperlen,
- 1 Zweiglein grüner Seidenbuchs,
- 2–3 Stiele mit kleinen weißen und gelben Blüten,
- grüner Wickeldraht,
- etwas Moosisteckmasse trocken.

Arbeitsschritte

Das Goldkörbchen mit Steckmasse gut füllen. Die Schleifen vorbereiten, Buchszweiglein zweimal schneiden. Die Traube aus den Ilexperlen selbst herstellen.

Anhand des Einzelfotos den Korb gut bestecken. Dabei auf Schwerpunkte achten: Schleife, Traube, hohe Blütenstiele.

Dekotuff

Diesen kleinen Schmuckgegenstand können Sie in beliebiger Größe zusammenstellen. Unserer hat einen Durchmesser von ca. 10 cm und ist 8 cm hoch.

Material

- eine ovale Holzscheibe von 5 × 3 cm, 0,5 cm stark,
- 8 grüne Veloursblätter, 2 cm groß,
- 6 dicke goldene Ilexperlen,
- 3 rostrote Seidenrosen,
- je 50 cm langes und 0,5 cm breites Samtband in Moosgrün und Gelb,
- 1 m langes und 1 cm breites Goldband,
- 3 × 10 cm Plombendraht gold,
- Zackenbouillon gold,
- Bindedraht,
- Heißkleber.

Arbeitsschritte

Drahten Sie eine grüne und eine gelbe einfache Schleife mit ca. 8 cm langen hängenden Bändern. Die Goldschleife fertigen Sie dreifach. Die Ilexperlen auf ca. 4 cm zurückschneiden, die Seidenblüten auf ca. 2 cm. Aus dem Plombendraht biegen Sie 3 gleich große Blattformen und bespannen sie reichlich mit Bouillondraht gold. Auf die Holzscheibe kleben Sie die Veloursblätter, dann die Goldbouillonblätter, arrangieren die Ilexperlen und Seidenblüten und kleben in die Mitte die vorbereiteten Schleifen ein.